UNSTOPPABLE Sapana
अदम्य सपना

STORY OF A JURIST
न्यायकर्मीको जीवनकथा

Written by Luja Mathema
Illustrations by Shaili Malla
Translation by Prawin Adhikari

nepa~laya

Published by
Publication nepa~laya Pvt. Ltd.
Kalikasthan, Kathmandu, Nepal
Phone: +977-1-4539786
email: publication@nepalaya.com.np
www.publicationnepalaya.com

1

Illustrsations: Shaili Malla
Translation: Prawin Adhikari
Cover layout: INCS

ISBN - 978-9937-9682-4-9

Unstoppable Sapana a Story of a Jurist
Biography of Sapana Pradhan Malla by Luja Mathema

Dedicated to my daughter Samara
&
my late grandfather Dayaram Bhakta Mathema

'Catch me if you can!' shouted her brother Girish and her best friend Madhu as they raced past the sunflowers in her garden in Nawalparasi.

'Namaste Sonmatiya *didi!*' sang Little Sapana as she panted to a halt. Little Sapana hugged Sonmatiya *didi*, then dashed after her siblings Swaraj, Azad and her friend Madhu.

'Come on Bhola! Come play with us!'

She almost crashed into her parents on their way to work.

'ल मलाई भेट्टाऊ त !' नवलपरासीको घरबाहिर बगैँचामा सूर्यमुखी फूलहरूबीच कुद्दै उनका भाइ गिरीश र उनकी सबैभन्दा मिल्ने साथी मधुले भने ।

'नमस्ते सोनमतिया दिदी !' दौडँदै गरेकी सानी सपनाले रोक्किन खोज्दै स्वाँस्वाँ गर्दै भनिन् । अनि सोनमतिया दिदीलाई गम्लङ्ङ अँगालो हालिन् । त्यसपछि आफ्ना भाइहरू स्वराज, आजाद र साथी मधु भएतिर दौडिइन् ।

'भोला, आऊ ! हामीसँग खेल !'

काममा जान हिँडेका आमाबुवासँग झन्डै ठोक्किइन् ।

They played until the sun dipped over the
mustard flower fields and they went inside.

'Why can't Sonmatiya *didi* come inside?'
she asked as everyone sat down to eat.

'*Ama* why can't they eat with us?'
'*Bua* why can't her children play with us?'
'Why doesn't Bhola play with us?'

⚖

ढकमक्क फुलेको तोरीबारीमाथि घाम नडुबुन्जेल
उनीहरू खुब खेल्थे र अँध्यारो भएपछि घर फर्कन्थे ।

'सोनमतिया दिदी किन हाम्रो घरभित्र आउन नहुने ?'
साँझ खाना खान बस्दा सानी सपनाले सोध्थिन् ।

'आमा, उनीहरूले किन हामीसँगै खान नहुने ?' 'बुवा,
सोनमतिया दिदीका छोराछोरीले किन हामीसँगै खेल्न नहुने ?'
'भोला किन हामीसँग खेल्दैन ?'

Her friend stared with her mouth wide open. Little Sapana was full of questions.

She didn't understand why people were treated differently. She believed in being kind to all.

The only answer she got was, 'That's how it has always been!' Little Sapana did not agree.

'Bhola, come and play *gulli danda* with us! Bhola, eat *dal bhat* with us! Bhola, let's go to the bazaar together! Bhola, let's go swim in the river!'

Everyone was SHOCKED. But Little Sapana insisted.

उनका साथी ट्वाल्ल परेर उनलाई हेर्थे । सानी सपना सधैं कति हो कति कुरा सोधिरहन्थिन् ।

मान्छेलाई किन फरक-फरक व्यवहार गरिन्छ भन्ने उनी बुझ्न सक्दिनथिन् । सबैलाई माया गर्नुपर्छ भन्ने उनलाई लाग्थ्यो ।

जति सोधे पनि जवाफ एउटै आउँथ्यो, 'सधैं यस्तै थियो, यस्तै रहनेछ ।' सानी सपना मान्न तयार थिइनन् ।

'भोला, आऊ ! हामीसँग गुल्लीडन्डा खेल । भोला, हामीसँगै दालभात खाऊ । भोला, हामी सँगै बजार जाने ल ? भोला, हामी खोलामा पौडी खेल्न जाऔं न है !'

सबै जना जिल्ल पर्थे तर सानी सपनाले जिद्दी गर्न छाडिनन् ।

Little Sapana was soon sent to Kathmandu to go to a bigger school.

'We are sending you to Kathmandu. The schools there are very good. You will learn a lot,' her parents told her excitedly.

Little Sapana was only ten years old and she missed the golden mustard fields and the beautiful winding river immediately.

Little Sapana tried not to fret. Will they call Bhola inside to eat? Will her friend Madhu be okay without her in school?

The farther away she got, the colder she felt.

ठूलो स्कुलमा पढ्न सानी सपनालाई छिट्टै काठमाडौँ पठाए ।

'हामी तिमीलाई काठमाडौँ पठाउँदै छौँ । त्यहाँका स्कुल धेरै राम्रा छन् । तिमीले धेरै पढ्न पाउँछ्यौ,' उनका आमाबुवाले उत्साहित हुँदै भनेका थिए ।

सानी सपना भर्खरै १० वर्ष भएकी थिइन् । उनलाई सुनौला तोरीबारी र नागबेली खोलाको खुब न्यास्रो लाग्यो ।

सानी सपनाले नआत्तिई बस्ने कोसिस गरिन् । आमाबुवाले भोलालाई भात खान घरभित्र बोलाउलान् त ? आफूबिना स्कुल जाँदा मधु ठिकै त हुन्छिन् ?

घरबाट जति-जति टाढा गइन्, उति उनको मनमा चिसो पस्यो ।

Everything in Kathmandu passed in a blur. Everyone was so busy!
She was happy to be back in Nalwaparsai for the holidays!

'*Ama*... *Bua*... I missed you! I'm going to go see my friend Madhu !
See you later! BYE!' she zoomed off.

'Namaste Uncle, Namaste Aunty !
How is Madhu? Can I see her?'

SILENCE.

'Sit, Sapana... We have something to tell you. Madhu just
got married. She no longer lives here.'

GASP!

'No! She should be in school! What do you mean, married?'

काठमाडौंमा दिन कहिले आयो, कहिले गयो पत्तै भएन । सहरमा त सबै जना कति व्यस्त हुन् ! स्कुल बिदा भएर नवलपरासी फर्किन पाउँदा सानी सपना फुरूङ्ग भइन् ।

'आमा ! बुवा ! तपाईंहरूको कति न्यास्रो लाग्यो ! तर अहिले मधुलाई भेट्न गएँ ! पछि आउँछु है !' उनी हुत्तिएर गइन् ।

'नमस्ते काका ! नमस्ते काकी ! मधुलाई सन्चै छ ? भेट्न मिल्छ ?' कसैले केही बोलेनन् ।

'सपना नानी, एकछिन बस । तिमीलाई एउटा कुरा भन्नु छ । मधुको त भर्खरै बिहे भयो । ऊ अब यहाँ बस्दिन ।'

'हँ ! ?'

'के भन्नुभएको ! मधुले त स्कुल पढ्नुपर्ने हो ! बिहे गरी भनेर ठट्टा गर्नुभएको ?'

Sapana climbed some trees with Bhola, but nothing made her feel better. So she sat on the swing and her heart broke looking at the empty spot beside her.

Madhu would never again play pretend and explore the world. Never again play *gulli danda*. Never again play catch.

Once again, she left Nawalparasi heavy-hearted.

⚖️

भोलासँग दुईचारवटा रूख चढे पनि सपनाको मन खिन्न रह्यो । पिङ खेले पनि आफ्नो छेउको रित्तो ठाउँ देखेर उनको मन छियाछिया भयो ।

मधुले अब खेल्ने, कुद्ने र आफ्नो कल्पनामै संसारभरि डुल्ने मौका पाउने छैन । कहिल्यै गुल्लीडन्डा खेल्ने छैन । चोरपुलिस खेल्ने छैन ।

भारी मन लिएर सानी सपनाले फेरि नवलपरासी छाडिन् ।

Back in Kathmandu, she was still taunted.
'You are so dark... Hello, *Kali!*

Sapana felt lost and alone. The big city seemed colder and colder day by day.

Didn't they know that words can hurt? Why should your looks matter? And the colour of your skin? If you are tall or short or fat or thin?

Little Sapana knew that it was WRONG!

काठमाडौंमा उनलाई अझै पनि जिस्क्याउँथे,
'कति काली रैछे यो त ! ओइ काली !'

सपनालाई आफू कतै हराएकी एक्ली केटी हुँ झैं लाग्थ्यो । जति-जति दिन बित्दै गयो, त्यति नै त्यो ठूलो सहर झन्-झन् चिसो लाग्दै गयो ।

बोलीवचनले पनि यति धेरै दुख्छ भन्ने मान्छेलाई थाहा हुन्न र ? अनि म जस्ती देखिए पनि के त ? मेरो छालाको रङ जस्तोसुकै होस्, के फरक पर्छ ? अग्ली भए पनि डल्ली भए पनि मोटी भए पनि पातली भए पनि के हुन्छ र ?

सानी सपनालाई थाहा थियो- मान्छेलाई यस्तो व्यवहार गर्नु गलत हो ।

School, home. Home, school. Little Sapana couldn't wait to be back to Nawalparasi to be with her *Ama* and *Bua*.

'Namaste, Aunty. I've brought some orange candy for Madhu from Kathmandu. Can you please give them to her?'

'Sapana!' Aunty wailed. 'She was pregnant, but it got difficult. She died!'

Little Sapana didn't understand. Pregnant? Died?

स्कुल गयो, घर फर्क्यो । घर आयो, स्कुल फर्क्यो । कहिले नवलपरासी गएर आमाबुवासँग बसौँला भनेर सानी सपना व्याकुल रहन्थिन् ।

'नमस्ते काकी ! मधुलाई काठमाडौँबाट सुन्तला मिठाई ल्याइदिएको । उसलाइ दिनुस् न ल !'

'सपना !' काकी त डाँको छाडेर रून पो थाल्नुभयो, 'बिचरी गर्भवती थिई, गाह्रो भएछ । मेरी छोरी मरी !'

सानी सपनाले केही बुझ्न सकिनन् । गर्भवती ? मरी ?

ANGRY, Little Sapana returned to Kathmandu.

She ignored the mean kids. Sapana would no longer
stay silent. She joined the school debate team and
learnt to wield her words with purpose.

'Child marriage is wrong... Education is important...
Bullying is bad... Cast discrimination needs to be stopped.'
It made her feel strong. It made her feel
like she could change all the bad to good.

⚖

रिसले चुर हुँदै सानी सपना काठमाडौँ फर्किइन् ।

उनलाई सताउन खोज्ने केटाकेटीलाई वास्ता गर्नै छोडिन् ।
सपनालाई अब चुपचाप बस्न मन लागेन । उनी स्कुलको वादविवाद
टोलीमा सामेल भइन् । हरेक शब्द सही अर्थमा चलाउन सिकिन् ।

'बालविवाह गलत हो । शिक्षा महत्त्वपूर्ण हुन्छ । हेपाहा व्यवहार
खराब हो । जातको आधारमा हुने विभेद रोकिनुपर्छ ।' यसो गरेपछि
उनलाई आफू बलियो छु भन्ने थाहा भयो । सबै खराब चीजलाई
बदलेर असल बनाउन सक्छु भन्ने आँट पलायो ।

One day in school Sapana's stomach hurt very much.
She bent over, held her stomach and took a deep breath.

Panicked, she rushed to the bathroom. 'I'm bleeding!
What is happening? What do I do?'

स्कुलमा एक दिन सपनाको पेट असाध्यै दुख्यो ।
तल्लो पेट समातेर घोप्टो परिन्, लामो–लामो सास फेरिन् ।

अत्तालिएर बाथरुमतिर दौडिइन् । 'लौ रगत पो आउँदै छ !
यो के भएको ? म के गरूँ ?'

When she got home she rushed to her Grandma and cried. 'Grandma, my stomach hurts. Help! I'm bleeding!' Grandma calmly responded, 'Don't worry. You got your first menstruation. Here's a sanitary cloth.'

'Sapana, tonight you can't sit at the dinner table with us. Can't visit the temples or the *puja kotha!* Cannot go to the kitchen. Cannot sleep on your bed...' Her grandma droned on.

'What? Why? I don't understand, Grandma.'

'Rules are rules!' was the only answer.

⚖️

घर पुग्नेबित्तिकै बजैकहाँ गएर रोइन्, 'बजै ! साह्रै पेट काट्यो ! केही त गर्नुस् ! रगत बगिरहेको छ ।' बजैले शान्त भएर भनिन्, 'केही भएको छैन । तिम्रो पहिलो महिनावारी भएछ । ल, यो टालो लगाऊ ।'

'सपना, बेलुकी हामीसँग बसेर खान पाउन्नौ । अब मन्दिर जानु हुन्न, पूजाकोठा छिर्नु हुन्न । भान्सामा त जानै हुँदैन । खाटमा सुत्नु हुन्न,' बजैका नियम कति हुन् कति !

'के रे ! किन नि ? मैले त केही पनि बुझिनँ, बजै !'

'हुन्न भनेपछि हुन्न नि !'

Confused, Little Sapana walked to her bus stop.

She passed a small temple near her house. Old ladies lined up to offer prayers and flowers. She didn't understand why she couldn't go inside to pray.

How did the same people treat girls as... LESS?

Little Sapana knew girls were capable and clever. They just needed the chance.

⚖️

अचम्म मान्दै सानी सपना बस स्टपसम्म पुगिन् ।

घर छेवैको सानो मन्दिर कटिन् । बुढीआमाहरू पूजा गर्न र फूल चढाउन लाइन लागेका थिए । उनी भित्र पूजा गर्न किन जान नहुने बुझ्नै सकिनन्।

यिनै मान्छेले छोरीहरूलाई चाहिँ किन सानो मानेका होलान् ?

सानी सपनालाई थाहा थियो– छोरीहरू पनि उत्तिकै खुबी र बुद्धि भएका हुन्छन् । उनीहरूले बराबरीको मौका मात्रै पाउनुपर्छ ।

15

Sapana learnt about reproduction and menstruation in health class at school.

Every month, a woman has her menstruation. It is normal, it is natural. Why was it such a taboo?

'What are your thoughts on menstrual taboos? What does equality mean to you? What are your thoughts on women's role in Nepal's development?' Sapana discussed these ideas in class.

सपनाले स्वास्थ्य कक्षामा मानव प्रजनन तथा रजस्वला चक्रबारे पढिन् ।

महिलालाई हरेक महिना महिनावारी हुँदो रहेछ । यो स्वाभाविक हो, यो प्राकृतिक पनि हो । तैपनि महिनावारी हुँदा किन रोकटोक लगाइएको ?

'महिनावारीबारे अनेकथरी सोचाइमा तपाईंको के विचार छ ? समानता भन्नाले के बुझ्नुहुन्छ ? नेपालको विकासमा महिलाको कस्तो भूमिका हुनुपर्ला ?' सपना स्कुलमा साथीहरूसँग यस्ता कुराकानी गर्थिन् ।

Sapana knew everyone has dreams. But not everyone has a chance to persue them.

A small flame inside Sapana grew bigger and bigger. '*Ama, Bua*, I'm going to become a lawyer! I know I can make a difference.'

Sapana from Nawalparasi completed a law degree from the Tribhuvan University, Kathmandu, in 1987. But that wasn't enough for her! She went to study law at the University of Delhi to learn some more.

सबैका आफ्नै सपना हुन्छन् भन्ने सपनालाई थाहा थियो तर सबैले सपना पच्छ्याउने मौका पाउँदैनन् ।

सपनाको मनभित्रको सानो फिलिङ्गो बढेर उज्यालो बत्तीको लप्को बन्यो । 'आमा ! बुवा ! म वकिल बन्छु ! म अरूलाई मद्दत गर्न सक्छु ।'

सपनाले २०४३ सालमा त्रिभुवन विश्वविद्यालयबाट कानुनमा स्नातक गरिन् । तर त्यतिले कहाँ पुग्थ्यो र ! अझै धेरै कानुन पढ्न र सिक्न उनी भारतको दिल्ली विश्वविद्यालय गइन् ।

Soon, Sapana started her law practice and was independent. But she saw injustices everywhere.

She wanted to give vulnerable
women and people a voice.

She wanted to fight for equality.

She wanted to raise awareness.

⚖️

सपनाले वकालत सुरु गरिन् र आत्मनिर्भर भइन् ।
तर जता हेर्‍यो, त्यतै अन्याय मात्रै देखिन् ।

उनी निमुखा र जोखिममा रहेका
महिलालाई आवाज दिन चाहन्थिन् ।

समानताका लागि लड्न चाहन्थिन् ।

चेतना बढाउन चाहन्थिन् ।

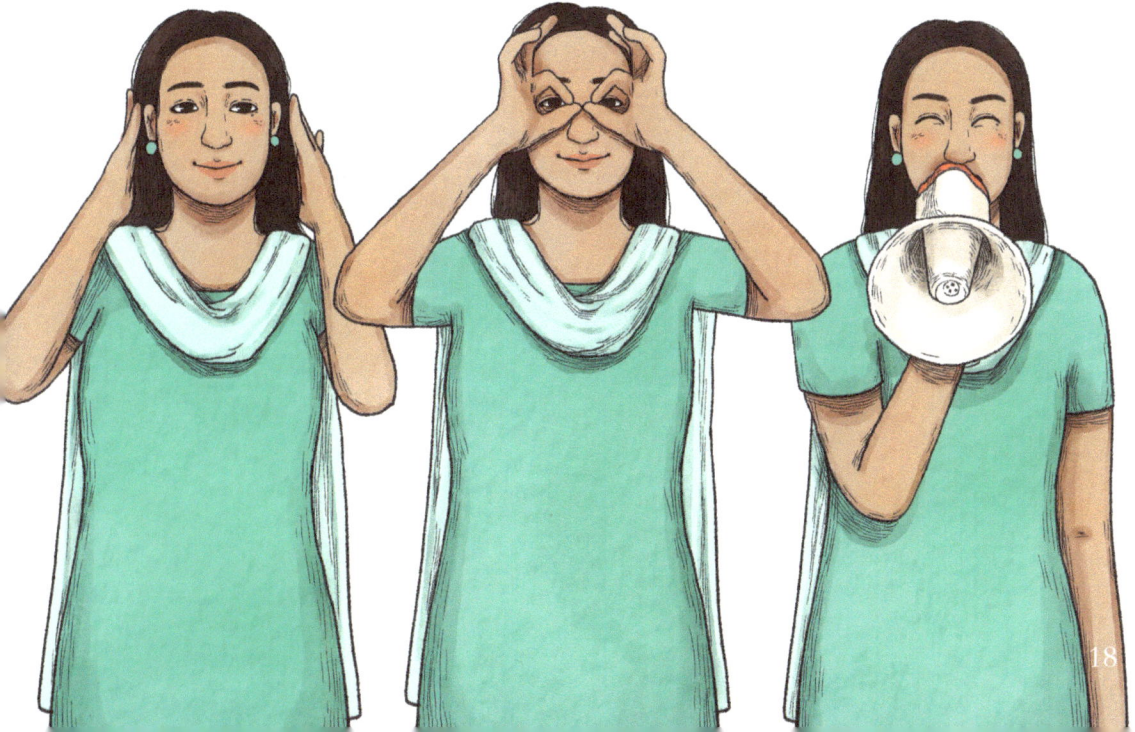

Even after Sapana married Ashok Bahadur Malla, she continued to work.

Sapana was a lawyer when she walked out of her home. When she walked back in, she was the eldest daughter-in-law, wife and mother.

Sapana felt lucky to have a supportive husband and family. It would have been difficult to do all this without them!

Sapana would often think about Madhu who didn't have the same chance.

अशोकबहादुर मल्लसँग बिहे गरेपछि पनि सपनाले आफ्नो काम गर्दै रहिन् ।

वकिल भएर उनी घरबाट निस्किन्थिन् ।
घर फर्केपछि उनी जेठी बुहारी, पत्नी र आमा बन्थिन् ।

यति सहयोगी पति र परिवार पाएकामा उनी आफूलाई भाग्यमानी ठान्थिन् । उनीहरूले नसघाएको भए जीवन कति अप्ठ्यारो हुन्थ्यो होला !

आफूले जस्तो अवसर आफ्नी साथी मधुले पाइनन् भन्ने उनलाई सधैं मनमा लागिरह्यो ।

Sapana,
please fight for us.
Sapana Buhari,
I need you to take me to
the doctors.....
Maa ... Maa.....
Please play with me!
Sapana!

Fighting against discriminatory laws was not easy. Many people were very mean. They used threatening words to scare her.

'You are wrong! I know better than you! Who do you think you are? Go back to where you came from!'

Sapana continued to fight back. She learnt many hard lessons. She learnt that loud voices don't always win; that actions speak louder than words. Slowly, the mean words stopped hurting her.

असमान कानुन बदल्नुपर्छ भन्ने आवाज उठाउन सजिलो थिएन । धेरैजसो मानिसले छुच्चो व्यवहार गर्थे, धम्क्याउँथे ।

'तिमीले भनेको गलत हो । तिमीलाई भन्दा मलाई धेरै थाहा छ । आफूलाई के–के न भन्ठानेकी ? जहाँबाट आयौ त्यतै जाऊ !'

सपना आफ्नो बाटामा हिँडिरहिन् । कठिन पाठहरू सिकिन् । चर्को स्वरमा बोल्दैमा जित्न सकिँदैन भन्ने बुझिन् । बोलीले भन्दा आफ्नो काम र व्यवहारले विचार स्थापित गर्छ । बिस्तारै छुच्चो बोलीले उनलाई दुख्न छोड्यो ।

Sapana learned that rules are made to help people.
But not every rule or law helped everyone.

Together, with other like-minded lawyers, she established
the Forum for Women, Law and Development.

It's mission was to help those in need.
To ensure their voices were heard.
To make a difference.

नियम-कानुन त मानिसलाई सघाउन पो बनेका रहेछन्
भन्ने बुझिन् सपनाले । तर हरेक नियम वा कानुनले
सबैलाई सघाउँछ भन्ने हुँदो रहेनछ ।

विचार मिल्ने अरू वकिलहरूसँग मिलेर उनले
महिला, कानुन र विकास मञ्च नामक संस्था सुरु गरिन् ।

उनीहरूको उद्देश्य अप्ठ्यारो परेका मानिसलाई सघाउने थियो ।
उनीहरूको आवाज सबैले सुन्नेछन् भन्ने सुनिश्चित गर्नु थियो ।
सकारात्मक परिवर्तन ल्याउनु थियो ।

Sapana led and helped many cases. Sapana fought to make sure a girl had to be at least 20 years old to be married.

She had seen women's voices go unheard. She fought along with other like minded people to make daughters equal in inheriting right to property. She also fought for the reproductive rights for women.

She was a member of the constituent Assembly which proposed 33% representation of women in the parliament.

She struggled for the rights of women affected by violence. She had seen injustices everywhere, so she helped change 64 unfair laws in Nepal.

Today her fight to get equality for women and girls has been recognized across the globe!

She was part of the first constituent assembly that drafted progressive women's right language.

equality   freedom   FUNDAME[
Against

सपनाले धेरै मुद्दामामिलामा अगुवाइ गरिन र सघाइन् । नेपालका छोरीहरूको बिहे गर्दा उमेर कम्तीमा २० वर्ष हुनुपर्छ भन्ने कानुन बनाउन लडिन् ।

महिलाका आवाजलाई कसैले नसुनेको उनले देखेकी थिइन् । अन्य महिलाको साथमा छोरीले पैतृक सम्पत्तिमा छोरा बराबर अधिकार पाउनुपर्छ भनेर लडिन् । सपना प्रजनन स्वास्थ्य अधिकारका लागि लडिन् ।

सपना सदस्य भएको संविधानसभाले नेपालको संसद्मा ३३ प्रतिशत महिलाको सहभागिता सुनिश्चित गऱ्यो । यो निर्णय दक्षिण एसियामै पहिलो थियो ।

हिंसा भोगेका महिलाको अधिकारका लागि सपनाले सङ्घर्ष गरिन् । उनले जतातातै अन्याय देखेकी थिइन् । त्यसैले नेपालका ६४ वटा अन्यायपूर्ण कानुन बदल्न मद्दत गरिन् ।

महिला र बालिकाका लागि समानता ल्याउन सपनाले गरेको लडाइँलाई अहिले संसारभरिका मानिसले सराहना गर्छन् ।

पहिलो संविधानसभाले संविधानको मस्यौदामा महिलालाई थप सशक्त बनाउने भाषा प्रयोग गरेको थियो ।

'Ms. Sapana Pradhan Malla, we would like you to join us at the Harvard University for a course.' Little Sapana from Nawalparasi had made it all the way to the Harvard University on a full scholarship!

She watched as students walked past the John Harvard Statue rubbing on the shoes for good luck. Sapana had to pinch herself. Being on campus felt like a dream!

During lectures everyone shared their stories and learned from each other's experiences! Sapana learned how students were made to be better leaders and serve others.

⚖️

'सपना प्रधान मल्लज्यू, हामी तपाईंलाई एउटा कोर्स पढ्न हार्वर्ड विश्वविद्यालय बोलाउन चाहन्छौं ।' नवलपरासीकी सपना पूर्ण विद्यार्थीवृत्तिमा हार्वर्ड विश्वविद्यालय पुगिन् ।

त्यहाँका विद्यार्थीले विश्वविद्यालयका संस्थापक जोन हार्वर्डको मूर्तिको जुत्ता स्पर्श गर्दै सुनौलो भविष्यको कामना गर्थे । सपनाले आफूलाई चिमोटी हेर्नुपर्‍यो । त्यहाँ पढ्न पाएकामा सपनाझैं लागिरहेको थियो ।

संसारभरिबाट आएका साथीहरूले अनुभव साटासाट गरे । सपनाले केही सिकिन्, केही सिकाइन् । सक्षम अगुवाहरू कसरी बन्छन् र अरूलाई सेवा गर्छन् भन्ने थाहा पाइन् ।

Day after day she would carry a stack of files to the court. She looked up at the pink building before going inside a hot and stuffy room to fight a panel of men in the courtroom.

She had an interactive awareness session with a room full of cadets at the Police Academy. She spoke to a film panel about women's rights and their agency. Sapana worked hard to make sure all voices were heard.

After decades and decades of hard work as a lawyer, she became a judge at the SUPREME COURT OF NEPAL.

Sapana continues to work and dream for a world with EQUALITY.

सपना दिनदिनै फाइलहरूको चाङ बोकेर अदालत जान्थिन् । हर्ताकर्ता पुरूषाहरूसँग बहस थाल्न गर्मीले उकुसमुकुस हुने कोठामा छिर्नुअघि उनी सर्वोच्च अदालतको गुलाबी भवनलाई एकपटक हेर्थिन् ।

भर्खर भर्ती भएका प्रहरीहरूसँग प्रहरी प्रतिष्ठानको खचाखच कोठामा चेतनामूलक अन्तर्क्रिया गरिन् । चलचित्रकर्मीहरूसँग महिला अधिकार र महिलाको क्षमताबारे छलफल गरिन् । सबैका स्वर सबैले सुन्नेछन् भन्ने निधो गर्न कडा मेहनत गरिन् ।

कैयौँ दशक लामो अथक मेहनतपछि सपना सर्वोच्च अदालतको न्यायाधीश बनिन् ।

सपना अझै पनि समानता सहितको संसार बनेको सपना देख्छिन् । त्यसैका लागि काम गर्छिन् ।

Sapana nods as she listens to cases being fought fiercely.

'We are here to fight for fairness, equality, rights and justice for all.'

She looks over at the benches and thinks about her friend Madhu.

Sapana smiles as she remembers them playing in the garden.
Swinging higher and higher, reaching for the sky.

घम्साघम्सीसहित लडिँदै गरेका मुद्दा सुन्दै सपना टाउको हल्लाउँछिन् ।

'हामी यहाँ सबैका लागि निष्पक्षता, समानता, अधिकार र
न्यायका लागि लड्न आएका हौँ ।'

इजलासमा आँखा घुमाउँदै आफ्नी साथी मधुबारे सोच्छिन् ।

मधुसँग बगैँचामा खेलेको सम्झिएर सपना मुस्काउँछिन् ।
पिङमा मच्चिइरहेका दुई सँगीहरू अझै माथि पुग्छन्,
झनै माथि पुग्छन्, तिनका खुट्टाले आकाशै छुन्छन् ।

ACKNOWLEDGEMENTS

This book would not have been possible without the support of many.

Storytime with my daughter Samara drove me to think about the heroes of Nepal as we read stories of inspiring people from all over the world. I feel stories open young minds to a thousand possibilities ahead and allows them to dream.

My mum has always been my pillar, supporting me in whatever I do. I thank her for believing in me and giving me the confidence to take this forward. To my friends and family who stood by me while I explored beyond boundaries.

Many thanks to Prawin Adhikari, my mentor, for his time and guidance, helping me discover my voice and creativity. My sincere thanks to my publisher nepa~laya who helped me bring this idea into reality and helping a debut author navigate the unknown.

To Honorable Justice Sapana Pradhan Malla, the impact you have made in Nepal is incredible. Having the opportunity to intern with you in the past, seeing the way you work, and hearing your story has been amazing. Thank you for allowing me to share your story here.

Finally, to my late grandfather Dayaram Bhakta Mathema who used to tell me and my sister Sina stories every evening about his childhood, his adventures, his journey, and the history of Nepal. I am indebted to him, for he instilled in me the enjoyment of story time and storytelling.

Milton Keynes UK
Ingram Content Group UK Ltd.
UKHW052016230824
447346UK00003B/21